# ALGER.

PARIS, IMPRIMERIE DE P. DUPONT, ET G. LAGUIONIE,
Rue de Grenelle-Saint-Honoré, n.° 55.

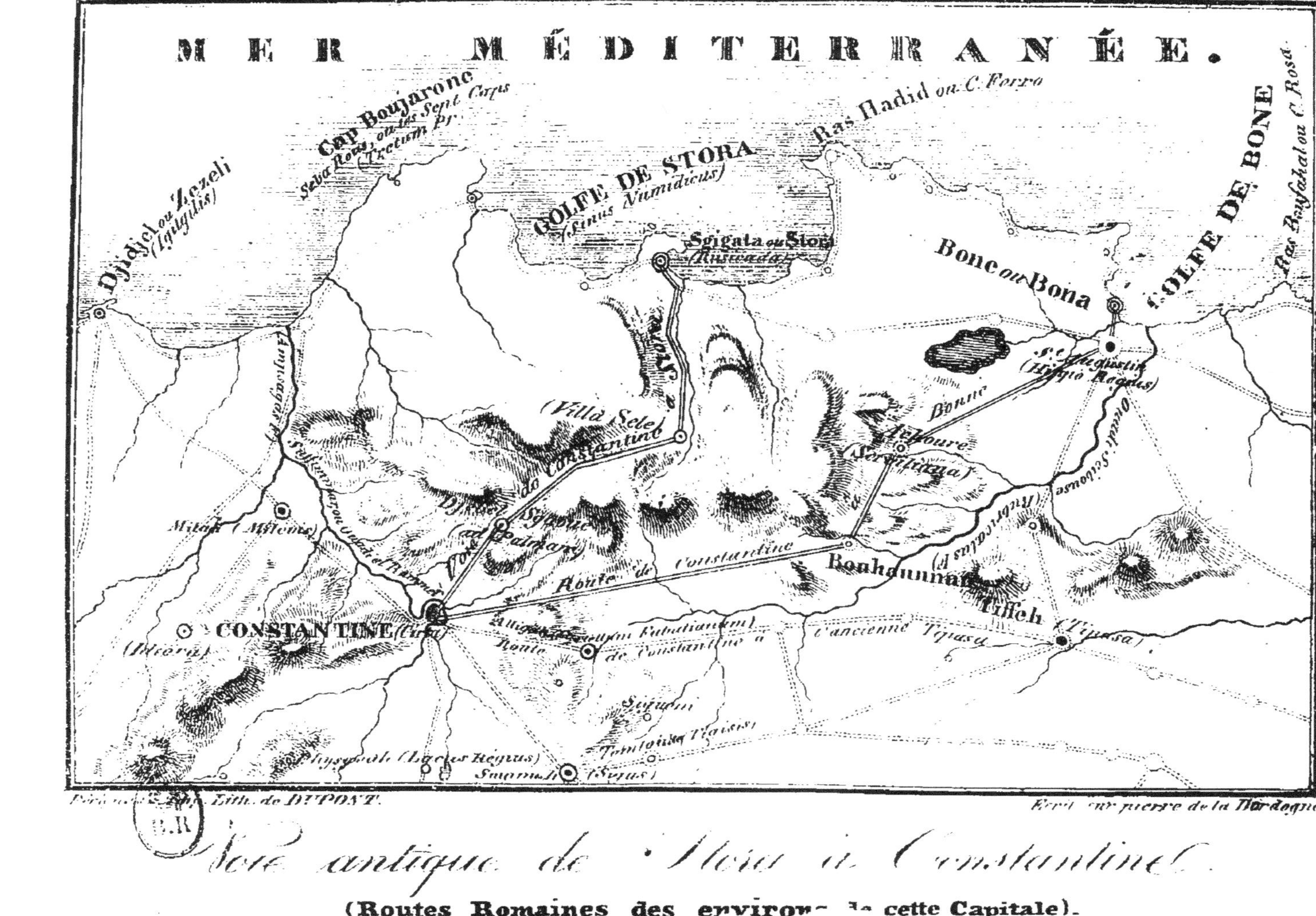


Vue antique de Stora à Constantine
(Routes Romaines des environs de cette Capitale).

# ALGER,

## OU

# CONSIDÉRATIONS

SUR L'ÉTAT ACTUEL

## DE CETTE RÉGENCE,

SUR LA NÉCESSITÉ D'EN ACHEVER LA CONQUÊTE,

ET SUR LES MOYENS D'Y ÉTABLIR DES COLONIES;

## PAR UN ANCIEN PAYEUR

à l'Armée d'Afrique.

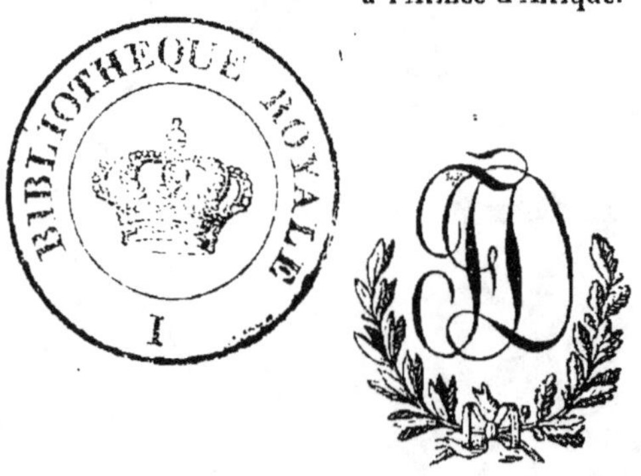

# A PARIS,

CHEZ DELAUNAY, LIBRAIRE, AU PALAIS-ROYAL.

## 1833.

# INTRODUCTION.

L'opinion publique est très peu éclairée
sur notre véritable situation en Afrique ;
c'est pour la faire connaître que cet opus-
cule a été publié.

Le gouvernement paraît ajouter peu de
foi aux rapports qui lui sont faits, puisqu'il a envoyé sur les lieux une commission pour examiner l'état actuel des choses et s'assurer si l'on doit croire aux in-
tentions pacifiques que nous témoignent,
dit-on, les chefs de Bédouins.

L'auteur a écrit avec conviction, et rendu
compte des faits sans l'idée de blâmer aucun acte, aucun projet. Il sait qu'il est extrêmement difficile de réussir en Afrique.

Cependant, jamais il ne pourra être de
l'avis de ceux qui veulent administrer ce
pays barbare ou le cultiver avant de s'en
être rendu maître et d'en avoir consolidé

la conquête : ce sont des théories impra-
ticables, et des rêves impossibles à réaliser.

Ce n'est pas sans crainte qu'il a traité
une question tout-à-fait étrangère à ses
occupations habituelles; mais les militaires
reconnaîtront à la manière dont ses vues
sont exposées sur un sujet dépendant en-
tièrement de leur art, combien il est pénétré de sa propre insuffisance. Il n'a eu d'autre désir que celui d'éclairer les opinions
et d'être utile à la chose publique.

C'est à ces titres qu'il réclame l'indul-
gence de ses lecteurs.

# ALGER,

## OU

# CONSIDÉRATIONS

### SUR L'ÉTAT ACTUEL

## DE CETTE RÉGENCE,

### SUR LA NÉCESSITÉ D'EN ACHEVER LA CONQUÊTE,

#### ET SUR LES MOYENS D'Y ÉTABLIR DES COLONIES.

---

ALGER [1] pris, on fut dès-lors même embarrassé de sa conquête. Aucun plan d'occupation n'avait été arrêté en France avant le départ de l'armée. On ne doutait cependant pas de la réussite de l'entreprise; mais personne n'avait pensé aux suites de l'expédition.

---

[1] La régence d'Alger, entourée par la Méditerranée, le royaume de Maroc le désert de Sahara et les états de Tunis, se composait de la Mauritanie césarienne et de l'ancienne Numidie. Elle se divisait en trois parties : le bey-

Irrésolu par caractère, étonné de la rapidité de
ses succès, et attendant des instructions de son
gouvernement, le général en chef concentra ses
forces autour d'Alger, et ne sortit de l'inaction

lick d'Oran ou de l'ouest ; celui de Titteri, fort peu considérable, ou du sud ;
et celui de Constantine ou de l'est, le plus riche, le plus peuplé des trois.
La ville d'Alger, avec sa banlieue, pouvait être considérée comme une qua-
trième province dont le gouvernement étendait sa juridiction sur les autres. La distance entre les deux extrémités de la régence est d'environ deux
cents lieues. Toute cette côte septentrionale de la Méditerranée fut possé-
dée par les Romains. Les Vandales leur succédèrent en 428, et en furent
chassés dans le siècle suivant par Bélisaire. Depuis, les Grecs dominèrent
sur ce pays jusqu'à l'invasion des Sarrasins, en 690. Ces nouveaux maîtres
se choisirent des chefs indépendans, et c'est au milieu de leurs débats que
s'élevèrent les divers royaumes de la Barbarie. Les Turcs s'étant emparés
de Constantinople au commencement du quinzième siècle, les états barba-
resques se soumirent à leurs lois, et continuèrent, sous leur protection,
leurs sanglantes déprédations dans la Méditerranée. L'Espagne, qui souf-
frait constamment des entreprises de ces pirates, se décida à les attaquer.
Le comte de Navarre aborda en 1510 en Afrique, prit Oran et Bougie, im-
posa un tribut à Alger, et fit construire un fort sur une petite île qui était
vis-à-vis de la ville, et dont le canon, commandant le bras étroit de mer qui
l'en sépare, tenait les corsaires en respect et leur fermait l'entrée ou la sortie du port. Cette île est aujourd'hui réunie à la ville par une jetée garnie
d'artillerie, et forme sa principale défense du côté de la mer. L'Afrique était
presque domptée par les Espagnols ; mais le célèbre Barberousse af-
franchit en 1516 Alger du tribut qu'elle leur payait, étrangla le roi Sélim
qui l'avait appelé à son secours, et se fit nommer à sa place. Quelques années après, étant allé attaquer le prince de Tremecen, il fut enveloppé, et
se fit massacrer avec toute sa troupe plutôt que de se rendre.

C'est à cette époque que le chef de l'empire ottoman, Sélim I.er, envoya
deux mille janissaires à Alger. Chéredin-Bacha, qui y régnait alors, assisté

que pour faire une reconnaissance sur Bélida (1).
Peu de jours après, il envoya quelques troupes à
Bone (2) et à Oran (3). Ces deux villes, séparées
par une ligne de rivages de plus de cent quatre-
vingts lieues, ouvrirent leurs portes sans coup
férir. Il en sera généralement ainsi de toutes les

de cette troupe d'Osmanlis, chassa les Espagnols du fort qu'ils occupaient.
Dès ce moment les corsaires algériens recommencèrent leurs courses. Enfin Charles-Quint voulut exterminer ces pirates. On connaît les résultats
de sa malheureuse expédition et de toutes les entreprises qui ont eu lieu
depuis contre Alger.

Les deys d'Alger étaient électifs, et nommés par la garnison de la ville.
Ils relevaient de la Porte, sans cependant être sous sa dépendance. Ils
n'étaient choisis que parmi les Musulmans nés dans l'empire ottoman, et
janissaires dans les troupes de la régence. Il en était ainsi pour toutes les
grandes charges de l'état. L'armée se composait seulement de 10 à 12 mille
Turcs : c'est avec aussi peu de forces que le dey faisait la loi aux populations arabes, maures ou kabyles de sa domination, et qu'il les accablait
d'avanies. L'armée algérienne se recrutait, à Constantinople et à Smyrne,
de tous les vagabonds, dont les autorités de ces villes étaient fort aise de
se débarrasser.

(1) Ville de 12 à 1,500 habitans, à sept lieues d'Alger, de l'autre côté
de la plaine de la Métidja, et au pied du petit Atlas.

(2) Petit port de mer ayant 3,000 âmes de population, presque à l'extrémité orientale de la régence, dans la province de Constantine. Il y a un
château fort, bâti par Charles-Quint, sur un monticule très élevé.

(3) Oran, à 70 lieues à l'ouest d'Alger. Plusieurs forts ou châteaux la
défendent ; elle a une population de 6 à 7,000 habitans. Son port ne peut
recevoir que les petits bâtimens ; mais à une lieue et demie d'Oran se trouve
Mers-el-Kébeer, où les plus gros vaisseaux de ligne peuvent entrer.

places d'Afrique. Les Arabes ou les Maures ne font presque jamais de résistance quand on marche contre eux; ce n'est que lorsqu'on bat en retraite qu'ils sont audacieux, et souvent même à craindre.

La nouvelle des événemens du 28 et du 29 juillet parvint à Alger vers le 12 août. M. de Bourmont rappela aussitôt les deux détachemens qui occupaient les extrémités de la régence, et le 2 septembre le général Clauzel arriva pour prendre le commandement de l'armée. Le nouveau général en chef reconnut immédiatement les avantages que la France obtiendrait en fondant une colonie sur le vaste et fertile territoire, dont la capitale seule subissait nos lois; mais la pensée de soumettre tout le pays lui parut un projet gigantesque impossible à exécuter. C'est à tort qu'on y aurait employé des forces considérables et englouti des sommes immenses. D'ailleurs, l'état politique de l'Europe ne permettait pas à la France de faire à cette époque aucun sacrifice; il était devenu nécessaire qu'elle conservât, en cas de besoin, toutes ses ressources pour sa propre défense.

D'après ces considérations, le général Clauzel pensa que, pour atteindre avec économie et célérité le but où tendaient ses méditations, il fallait ne commencer à fonder la colonie que sur le territoire de la province d'Alger, et faire en sorte de ne pas avoir à combattre les populations guerrières des beylicks de Constantine[1] et d'Oran, qui l'entourent au sud-est et au sud-ouest. Sa mission n'était pas limitée par des instructions; il avait, par le fait et par la force des choses, les pouvoirs dont jouissent les généraux chargés de poursuivre une conquête.

Le général Clauzel crut donc agir dans les intérêts de la France et la bien servir en faisant un traité avec le bey de Tunis pour mettre le frère de ce souverain en possession du beylick de Constantine, avec l'engagement de payer annuellement une rétribution d'un million. Il nomma aussi bey d'Oran, et aux mêmes conditions, un autre prince de la maison de Tunis. Ces deux beys auraient gouverné selon les lois du pays; mais en reconnaissant la suzeraineté du gouvernement français.

L'exécution de ces arrangemens devant assurer la tranquillité de la province d'Alger, le général en chef n'avait plus à s'occuper que de ce territoire. Il y aurait employé toutes ses forces, tous ses

_____

[1] Capitale de la province, et anciennement de la Numidie. Il en sera question plus au long dans le cours de cette brochure

moyens, et, assisté sur ses flancs par les beys de Constantine et d'Oran, on eût fait rentrer dans l'ordre les tribus qui se seraient montrées rebelles.

Les Kabyles [1], pressés dans le centre par nos troupes, repoussés des territoires limitrophes de nos deux vassaux et combattus par eux, auraient été contraints de mettre bas les armes ou de vivre en paix avec nous. Dès-lors la colonisation s'opérait facilement, et la France jouissait dès le principe des fruits de sa conquête. Le subside de deux millions que, sous la garantie du bey de Tunis, les beys de Constantine et d'Oran s'étaient engagés à payer ; les produits des douanes, qui s'élevaient déjà à 1,500,000 fr., et dont l'accroissement suivait les progrès de la colonie, auraient suffi à compléter la solde de l'armée d'occupation et à donner des encouragemens à la culture. Tels étaient les résultats auxquels tendaient les combinaisons et les plans du général Clauzel.

Les traités qui pouvaient avoir une si heureuse

---

(1) Les Kabyles ou Berbères forment une race distincte, et passent pour être les habitans primitifs de l'Afrique septentrionale. Ils ne parlent pas arabe, et ne s'allient qu'entre eux ; ils ont le teint rouge et noirâtre, la taille haute et svelte ; ils habitent les Atlas et les montagnes du Cap-de-Fer, et sont d'une férocité incomparable. Ils attaquent souvent les tribus agricoles de la régence.

influence sur la prospérité de la colonie naissante ne furent pas approuvés. Le général en chef n'avait pas eu la possibilité d'appeler le ministre des affaires étrangères à contracter des arrangemens faits au milieu du bruit des armes, et dans une situation où les formes diplomatiques ne semblaient pas devoir être ponctuellement suivies. Ainsi, la conquête, la colonisation d'un vaste territoire sont retardées, parce que le général en chef d'une armée séparée de la mère patrie par les eaux de la Méditerranée, a conclu des traités sans la participation de son gouvernement, qui ne les a pas reconnus, peut-être afin de rester en harmonie avec la politique continentale, ou plutôt parce que le contrat fait avec le bey de Tunis inféodait à jamais les deux plus riches beylicks de la régence !

Le général Clauzel a quitté Alger au mois de mars 1831, et depuis son retour, depuis plus de deux ans, qu'a-t-on fait pour parvenir à coloniser ?..... Rien, absolument rien ! On est moins avancé dans la conquête qu'en 1830. Alors, les Arabes [1] nous

______

[1] Les Arabes de la régence d'Alger sont les descendans des anciens Arabes mahométans de l'Asie mineure, et qui s'emparèrent de la Mauritanie. Ils ne se marient jamais avec les autres peuples de la contrée ; ils ont une physionomie mâle, les yeux très vifs, le teint presque olivâtre ; ils sont d'une taille moyenne, mais bien prise, et cultivent quelques terres.

croyaient invincibles. Seulement, on a dépensé plus de quarante millions et perdu plus de quinze à vingt mille hommes pour occuper trois villes autour desquelles on a élevé à grands frais des ouvrages, comme si le siége devait en être fait régulièrement par les Bédouins [1], qui n'ont jamais d'artillerie [2]. On a pris les mêmes précautions de défense qu'on prendrait en France pour résister aux attaques de troupes européennes, précautions en très grande partie inutiles en Afrique, alors qu'on ne fait rien de positif pour la colonisation.

Je suis obligé de le répéter, on est moins avancé aujourd'hui dans la conquête de la régence d'Alger qu'on ne l'était en 1830.

Cependant, si l'on veut y établir une colonie, il faut prendre un parti. La France alimente constamment l'Afrique en hommes et en argent; l'Afrique

(1) Arabes indépendans qui ne s'adonnent pas à l'agriculture. Ils vivent sous des tentes et errent avec leurs troupeaux. Ils sont, comme toutes les populations de l'Afrique, d'un naturel guerrier, et sont constamment occupés à la chasse des bêtes féroces.

(2) Quand le débarquement se fit à Sidi-Ferruch, les Algériens avaient sur le rivage deux mauvaises batteries auxquelles ils travaillaient encore. Elles étaient armées seulement de trois ou quatre canons montés sur des affûts marins. Il en fut de même à Staouely. Jamais ils n'ont montré une pièce attelée. Ils n'en peuvent avoir, puisqu'il n'y a pas de chemins dans la contrée.

dévore tout ce que la France lui envoie. Il en sera toujours de même, si l'on continue à suivre le système d'attendre du temps que notre civilisation ait produit ses effets sur les naturels du pays. Ces idées philanthropiques et cet espoir dans le progrès des lumières sont de complètes erreurs. Qui connaît les Maures (1) et les Arabes sait que jamais ces peuples ne se soumettront franchement à notre domination. C'est en vain que les journaux nous entretiennent de nos exploits et des protestations de fidélité des chefs de tribus. Les indigènes de ces contrées sont lâches et serviles quand ils sont les plus faibles; mais aussitôt qu'ils voient la force s'éloigner, ils reprennent leur caractère fourbe et féroce. Lors même qu'ils vous témoignent le plus d'affection, ils ne pensent qu'à vous tromper. Il faut sans cesse se méfier des Arabes, et peu compter sur leurs sermens; ils ne les tiennent que sous le fer de la baïonnette, et pour ainsi dire par l'effroi des supplices.

(1) Les Maures habitent les villes et les plaines cultivées; ils forment plus de la moitié de la population de la régence. Ils ont la peau plus blanche, le visage plus plein, le nez moins saillant, et tous les traits de la physionomie moins prononcés que les Arabes; ils se livrent au commerce et exercent des métiers; ils occupaient sous le dey, les beys et les agas, des emplois dans l'administration du pays. Plus civilisés en apparence que les Kabyles et les Bédouins, ils ne sont pas moins fourbes et moins cruels que ces peuples, dont ils égalent l'adresse dans le maniement des armes et dans l'exercice du cheval.

Je ne parlerai pas des avantages que la France tirerait du sol si fertile de la régence; tout le monde les connaît, et sait que les productions des Antilles ou des tropiques y trouveraient des expositions et des terrains favorables à leurs cultures.

La colonisation établie, l'intérieur de l'Afrique serait bientôt exploré, et offrirait d'immenses débouchés à notre commerce. Mais ce n'est point le moment de traiter ces questions importantes : avant tout, *il faut conquérir, si l'on veut fonder une colonie.* Point d'établissemens prospères dans ces climats brûlans, si la conquête et la domination n'assurent aux colons une longue suite d'années de tranquillité.

Prenons donc les choses dans l'état où elles sont aujourd'hui, et voyons quelle est notre véritable situation en Afrique.

Nous occupons Alger, Bone et Oran; nous sommes, il faut le dire, comme bloqués dans ces places; et la culture qu'on a pu commencer jusqu'à présent sous le feu de leurs remparts, s'est bornée à des terrains de fort peu d'étendue. Notre présence dans ces villes, malgré les forces imposantes que nous y entretenons, n'a aucune influence sur les tribus environnantes, constamment en armes

( 13 )

contre nous. Une compagnie de grenadiers bien ré-
solus pourrait-elle, sans courir les plus grands dan-
gers, s'avancer au milieu de la plaine de la Métidja[1]?
Le même nombre d'hommes ne seraient-ils pas exposés à être massacrés, s'ils voulaient pousser une
reconnaissance à une lieue au-delà du monticule
d'Hyppône [2], ou à une heure de marche d'Oran sur
la route de Tremecen [3]?

Voilà, en peu de mots, le tableau exact de notre
position en Afrique. Et comment se livrer aux travaux de l'agriculture, lorsque le fer producteur de
la charrue est tous les jours forcé de se croiser
avec le fer destructeur des Arabes!

(1) Plaine commençant à environ une lieue d'Alger, et décrivant autour
de cette ville, de l'est à l'ouest de la mer, une demie circonférence
de dix-huit à vingt lieues de développement, dont le rayon est de quatre à cinq seulement. Elle est bornée au sud, dans toute sa longueur, par les
montagnes du petit Atlas. Elle est généralement marécageuse, et peu habi-
tée à cause de son insalubrité.

(2) Le monticule d'Hyppône, appelé aussi château de Saint-Augustin par
les habitans de Bone, est à une forte portée de canon de cette ville. Il est couvert de toutes les espèces de beaux arbres qui croissent dans ces contrées,
et il y existe encore des citernes remarquables par leur grandeur et leur
construction.

(3) Ancienne capitale de la Mauritanie césarienne, et aujourd'hui la ville
principale de la province de l'ouest. Mais le bey réside habituellement à Oran.
Sa population est de 7 à 8,000 âmes. Elle est à 30 lieues sud-ouest d'Oran
et à 12 lieues au sud de la mer.

Il est urgent, il est indispensable de prendre une détermination, si on ne veut pas continuer sans résultat à perdre annuellement quatre à cinq mille hommes, et à voir le budget de chaque exercice chargé en dépenses d'une vingtaine de millions pour l'armée d'Afrique. Peut-être serait-il sage de renouer quelque arrangement avec le bey de Tunis; ce serait le moyen de parvenir, comme nous l'avons dit plus haut, à assurer à la France la prompte et paisible possession de la province d'Alger. L'indécision dans laquelle on est resté jusqu'à présent fait regretter qu'on n'ait pas jugé convenable d'adopter ce plan, qui paraissait favorablement combiné pour les circonstances et les localités, ou que des considérations d'un ordre élevé aient empêché de l'approuver. Il doit en être ainsi; car il n'est guère probable qu'on ait refusé de pacifier la régence pour n'avoir pas employé avec des princes d'Afrique les mêmes protocoles dont on se servirait avec l'Angleterre ou la Hollande.

Cependant, si le bey de Tunis refuse d'écouter nos propositions, si l'on ne croit pas devoir entrer avec lui en négociation, que fera-t-on ? Il n'est guère possible de rester plus long-temps dans le *statu quo* dévorant où nous nous trouvons, et de se résigner à occuper seulement trois places en Afrique. Il faut nécessairement, si l'on veut rester dans le pays, penser à adopter les mesures convenables pour en devenir maîtres, afin de jouir des avantages que nous offrirait sa colonisation.

M. le maréchal Clauzel a dernièrement proposé d'assainir la Métidja, en faisant traverser cette plaine par des canaux qui réuniraient le Massafran, l'Aratch et l'Hamise (1). Il y fondait deux villages retranchés pour protéger les colons, et entourait ce vaste terrain de blockaus ou de fortins depuis l'embouchure de la Kadara (1), en longeant le versant septentrional du petit Atlas et s'appuyant à la baie ouest de Sidi-Ferruch (2), à environ quatre à cinq lieues au-dessus de la ville d'Elcoleah (3).

(1) Rivières qui traversent la plaine de la Métidja du nord au sud, et viennent se jeter dans la mer à l'ouest et à l'est d'Alger.

(2) C'est dans la baie ouest de Sidi-Ferruch que la flotte française jeta l'ancre le 13 juin 1830, et qu'elle opéra le lendemain son débarquement sur le sol de l'Afrique.

La pointe, assez élevée, qui s'avance dans la mer, est couronnée par le Marabout ou le tombeau de Sidi-Ferruch, saint musulman en grande vénération dans le pays. On y vient de très loin en pélerinage apporter des offrandes. L'architecture mauresque de ce monument, le plus considérable de la contrée, a de loin une certaine élégance, et contraste heureusement avec la solitude qui l'entoure.

(3) Ville de 2 à 3,000 habitans, à cinq à six lieues au sud-ouest d'Alger, et que nous n'occupons pas.

Ce projet n'a pas trouvé de partisans; non que les dépenses pour l'exécuter fussent considérables : tous les travaux à faire, selon un devis présenté aux chambres, ne s'élevaient pas à quatre cent cinquante mille francs. A-t-on craint de ne pas réussir à assainir la plaine, ou que la barrière de blockaus ne pût résister aux attaques des Bédouins? C'est ce que nous ignorons. Quoi qu'il en soit, le maréchal répondait du succès. Il avait parcouru la Métidja ; il en connaissait parfaitement les développemens et les alentours. Il semble que l'opinion d'une autorité militaire aussi élevée devait inspirer quelque confiance, et faire croire à la réussite de l'entreprise. Au moins c'était là un commencement de colonisation.

Malgré tout, si on ne veut pas essayer de mettre à exécution le projet du maréchal Clauzel, continuera-t-on de faire des sacrifices inutiles et dispendieux? Ou viendra-t-on tardivement proposer de prendre le parti décisif, soit d'abandonner les portions de territoire qui nous auront coûté tant de sang et d'argent, soit de faire une expédition assez forte pour achever la conquête commencée? C'est ce parti qu'on doit prendre dès à présent, ou se résoudre à toujours dépenser sans rien produire. Ce serait une grande erreur , je le dis encore, d'espérer qu'avec le temps nos relations civiliseront les Arabes et les soumettront à nos lois. Non, jamais on n'y parviendra que par la force des armes. J'en appelle aux hommes de bonne foi qui ont vécu en Afrique et en ont observé les populations. Sans doute des tribus nous seront fidèles par crainte et par intérêt; mais il est un fait incontestable, et dont jusqu'à présent tout prouve la vérité, c'est que ce ne sera pas uniquement avec de la philanthropie, qu'on parviendra à planter le drapeau tricolore sur les sommets des Atlas!

Si enfin l'on se décide à conquérir pour coloni-ser, où placera-t-on la colonisation? Telle est la grave et intéressante question qu'il faut résoudre.

Depuis 1830, nos étendards flottent sur les ri-vages de l'Afrique, et à peine si on ose s'en éloi-gner. Ce n'est pas faute de bravoure; ce n'est pas non plus manque de forces de toute nature; mais c'est que nos troupes, divisées en trois corps de garnisons, ne peuvent se réunir et atta-quer ensemble l'ennemi jusque dans ses retraites lointaines. Elles n'ont alors d'action que sur les points où elles se trouvent; et leur influence au sein de la régence est tout-à-fait nulle. Si, des posi-tions qu'elles gardent, nos troupes voulaient s'avancer vers l'intérieur, elles ne marcheraient pour ainsi dire qu'à l'aventure, à travers des espèces de déserts, n'ayant d'autres chemins que les sentiers incertains des pasteurs arabes ou des féroces Bédouins, et ne rencontrant ni moyens d'existence, ni localités pour se mettre à l'abri, ni villes un peu considérables pour y prendre une position stable, d'où, au premier signal, elles feraient sentir le pouvoir de nos armes aux contrées voisines. Aussi notre armée d'Afrique serait-elle augmentée de vingt mille hommes, que la force proprement dite, restant placée comme elle l'est aujourd'hui, sera toujours impuissante. C'est au milieu des populations que la force agit avec succès, maintient l'ordre et exerce une influence durable par la terreur des châtimens toujours prêts à frapper les rebelles !

Le général Clauzel était pénétré de ces idées ; il avait bien senti que ce n'était pas en restant sur le littoral de la mer qu'on soumettrait les peuples de la régence : aussi fit-il son expédition sur Médéah [1] afin de placer entre deux feux les tri-

---

[1] Médéah est la capitale du beylick de Titterie. C'est une ville de 5 à 6,000 âmes, mieux bâtie qu'Alger. Les campagnes environnantes sont assez bien cultivées et plantées en vignes ; elles sont entourées de haies, et ressemblent beaucoup aux vergers de nos contrées. Nos troupes ont occupé à trois reprises différentes Médéah sans pouvoir s'y maintenir.

bus du petit Atlas, et d'assurer la tranquillité de la plaine de la Métidja, où il avait l'intention de former de vastes établissemens agricoles.

Malheureusement le pays qu'on traverse pour arriver à Médéah est très difficile, et l'impossibilité où l'on fut de pouvoir entretenir les communications entre cette ville et Alger, força à l'évacuer. Quel autre résultat n'aurait-on pas obtenu si les traités avec le bey de Tunis avaient pu être ratifiés! On serait encore à Médéah, et de ce poste nous dominerions les peuplades environnantes; nous tiendrions en respect les Arabes des versans du petit Atlas, et bon gré, mal gré, ils vivraient en paix avec nous : il est même très probable que la plupart d'entre eux se seraient décidés à prêter leurs bras à nos cultivateurs de la plaine et des environs d'Alger. C'est donc au milieu des populations qu'il faut aller planter le jalon de la force et de la conquête ; alors, seulement alors, la colonisation sera possible.

Alger, Bone et Oran ne peuvent être considérés aujourd'hui que comme des places d'armes. La moitié du cercle, dont ces villes sont le centre, est couverte par la mer, et l'autre partie, à plusieurs lieues à la ronde, est presque inhabitée. Aucun chemin à l'est ou à l'ouest ; ainsi, point de dispositions à prendre sur les flancs pour protéger une marche directe. Quand on a voulu s'écarter d'Alger, il a fallu passer les défilés du petit Atlas ; et l'on connaît les funestes résultats de nos diverses expéditions sur Bélida et Médéah. On ne serait pas plus heureux dans la province d'Oran, où l'empire limitrophe de Maroc entretiendra constamment les habitans en révolte contre nous ; les belles plaines de Bone ne nous offriront pas un meilleur succès, tant que le bey de Constantine, dont elles dépendent, ne sera pas soumis.

Cependant, tout semble indiquer que le gouvernement a le désir de conserver et de coloniser ce superbe pays ; mais les difficultés à surmonter, les dépenses à faire, effrayent tellement, qu'on n'ose pas jeter les yeux sur le point où la colonisation pourrait être le plus avantageusement placée. On ne saurait blâmer une telle prudence. Ce n'est pas sans les plus graves et les plus mûres réflexions que doit être prise une détermination qui peut coûter tant de sacrifices. .

Alger n'est pas le point auquel il paraît qu'on veuille s'arrêter, puisque le gouvernement a regardé le plan du maréchal Clauzel comme inexécutable.

Peut-être pense-t-on que la Métidja ayant seulement quatre à cinq lieues de largeur, la colonisation serait sans profondeur, à moins de la porter au-delà du petit Atlas. Alors, que d'obstacles! Comment entretenir les communications à travers de pareilles montagnes? En supposant même la superficie de la Métidja assez considérable pour donner des résultats qui pussent compenser les dépenses de l'occupation, que deviendraient les cultivateurs européens de cette plaine et les établissemens ruraux qu'ils y auraient créés, si un jour on avait la guerre maritime? Un espace aussi étroit serait attaqué au sud par les naturels du pays; au nord, du côté de la mer, par la puissance ennemie; et la largeur de la colonisation n'étant que de cinq lieues, une destruction totale pourrait s'ensuivre en un jour.

Il existe quelques plateaux bien exposés du côté de Staoueli[1] et de Sidi-Ferruch; mais le terrain y est sablonneux : il ne manque pourtant pas d'une certaine fertilité, à cause de la fraîcheur du sol. Quant

---

[1] Plateau élevé, à une lieue et demie de Sidi-Ferruch, et qui domine le pays environnant. C'est là que les contingens des trois provinces, commandés par les beys de Constantine et de Titterie, sous les ordres de l'aga des janissaires, gendre du dey d'Alger, attendirent, le 19 juin 1830, l'armée expéditionnaire. Ils furent culbutés en peu d'instans, et leur camp tomba en notre pouvoir.

aux monts Boujareah [1], qui touchent les murs d'Alger, ils sont, par leur nature accidentée, d'un difficile accès, et les travaux de l'agriculture ne pourraient y avoir lieu sur une grande échelle. Les produits de ces deux parties de territoire compenseraient à peine les dépenses de défrichement.

Oran offrirait plus d'avantages. Le port de Mersel-Kebeer est vaste et profond ; il peut recevoir des vaisseaux de ligne. Le pays, quoique montueux, abonde en grains et en pâturages excellens. Toutefois, la température n'y étant pas assez élevée pour y permettre la culture du coton et des autres productions des tropiques, il semble que le but de la colonisation serait manqué. Ce n'est pas seulement pour exporter des fromens que nous voulons nous établir dans les états de la régence ; nos vues, nos espérances doivent être plus larges. Il faudrait d'abord s'emparer de Tremecen ; on toucherait alors aux frontières de Maroc, et il serait à craindre que les points de contact que nous aurions avec ce royaume ne suscitassent des embarras à notre diplomatie.

(1) C'est un groupe de hauteurs très rapprochées les unes des autres dans une étendue de deux lieues carrées, et s'élevant à plus de six cents mètres au-dessus du niveau de la mer.

Ainsi, des trois positions que nous occupons dans la régence d'Alger, en voilà deux où il paraît difficile de fonder actuellement une colonie sans y rencontrer des obstacles presque insurmontables.

Bone et la province dont elle dépend paraissent seules devoir attirer notre attention. Cette ville est bâtie à l'extrémité nord-ouest du golfe auquel elle donne son nom. Elle n'a qu'une rade ouverte et sans fond. Les gros bâtimens mouillent dans l'anse des Caroubiers et sous le fort des Génois, où ils ne sont pas toujours en sûreté contre les vents du large. C'est dans les eaux de Bone que se trouve le corail. Le droit de pêche en appartient exclusivement à la France, qui l'avait acheté du dey d'Alger [1].

Cette ville était, avant notre occupation, l'entrepôt du commerce de la province de Constantine.

___

[1] Cette pêche se fait sur des bateaux français et italiens sous la protection de quelques soldats placés dans un petit fort appelé le *Bastion de France*, situé sur la rive orientale du golfe. Notre marine avait fait construire ce fort avec le consentement du dey d'Alger, afin d'empêcher les rixes sérieuses que les Européens avaient souvent avec les naturels du pays. La France payait annuellement à la régence cinquante mille piastres fortes tant pour la jouissance du *Bastion*, que pour le droit de pêche.

Les plaines qui l'avoisinent ont vingt lieues de longueur et quinze de largeur ; elles sont baignées au
nord par la mer et bornées au sud par un chaînon
du petit Atlas. Plusieurs rivières les arrosent, et
l'une d'elles, la Seyboose, est, dit-on, navigable
assez loin, en remontant vers le sud. Il n'existe
presque plus d'habitans sur cette vaste étendue,
si peuplée et si productive il y a quarante ans. Les
avanies continuelles des souverains de la régence
en ont chassé les colons, qui se sont retirés dans
l'intérieur des terres.

A trente lieues au sud-ouest de Bone se trouve Constantine, résidence habituelle du bey. Cette capitale,
ayant de vingt à vingt-cinq mille âmes de population, offrirait comme Alger des ressources pour les
établissemens militaires. On y arrive par un ancien
chemin servant encore aujourd'hui au transport des
denrées et des marchandises. Il est facile pour les
voitures jusqu'au chaînon du petit Atlas. Là com-
mencent les difficultés, qu'on pourrait aisément
aplanir ; et après sept heures de marche à travers
des défilés, on descend enfin dans les immenses et
superbes plaines, au milieu desquelles s'élève la ville
de Constantine.

Ici et dans toute la contrée environnante, depuis
la mer, la température de l'atmosphère protégera ,

excitera même la croissance des arbres et des plan-
tes, dont les fruits et les productions sont devenus
indispensables au luxe et aux besoins de l'Europe.
Le cotonnier, la canne à sucre, y réussiront aussi
bien qu'en Egypte; le café et le cacao égaleront sous
ce ciel brûlant la saveur de ces graines de l'Arabie
et de l'Amérique du sud; l'indigo, la cochenille,
y donneront des qualités aussi belles que celles du
nouveau Monde, et le mûrier ne le cédera point en
feuillage ou en beauté aux mûriers de la Provence.
La culture de ces productions diverses n'empêchera
pas la culture habituelle des céréales, si renommées
dans l'antiquité et même de nos jours, ni l'éduca-
tion des troupeaux dont le pays est couvert, et
des chevaux réputés les meilleurs de la régence [1].
Maîtres de la capitale du beylick de Constantine,
le nombre des caravanes qui y arrivent annuellement du désert augmenterait certainement en raison de la sagesse et de la force de notre domination; nos relations avec l'intérieur de l'Afrique deviendraient en peu de temps très étendues, et
c'est alors que pourraient se réaliser les espérances conçues depuis la prise d'Alger. Tout sem-

[1] Les laines de Constantine sont connues dans le commerce par leur ex-
cellente qualité. Elles servent à la fabrication des draps communs.

Les chevaux sont en très grand nombre et coûtent très bon marché. On
y monterait à bien peu de frais des régimens de cavalerie.

ble donc indiquer que Constantine est le point le plus avantageux, le seul vraiment convenable pour la fondation d'une colonie.

Lorsque les Romains se furent emparés de Carthage et d'Utique, ils ne tardèrent pas à voir qu'ils ne jouiraient paisiblement du fruit de leurs conquêtes, qu'après avoir dompté les populations turbulentes des contrées voisines de celles qu'ils venaient d'asservir à leur joug. L'esprit d'envahissement qui caractérisait ce grand peuple, les avantages, les richesses que leur offrait la possession de la Numidie, furent le motif principal de la guerre qu'ils entreprirent contre Jugurtha. Trois consuls y furent successivement employés : Métellus, Marius et Sylla firent plusieurs campagnes sur le territoire du royaume de Massinissa, et y livrèrent les combats les plus sanglans. Les Romains n'ignoraient pas non plus qu'on détruit les empires en envahissant le siége du gouvernement; ils dirigèrent en conséquence leurs forces contre Cirta, capitale de la Numidie, aujourd'hui Constantine, et s'en emparèrent. Jugurtha leur fut aussitôt livré, et la Numidie devenue florissante sous leurs lois les subit paisiblement jusqu'à la chute de Rome.

On lit dans Salluste qu'avant de se mettre en campagne pour entreprendre et continuer cette

guerre si difficile, les consuls réunissaient les fonds
et les vivres nécessaires à la solde et aux besoins
de leurs troupes. L'eau même fut quelquefois trans-
portée dans de grandes outres préparées à cet effet; et quand la saison des pluies arrivait, les armées romaines étaient obligées de venir prendre
leurs quartiers d'hiver sur les bords de la mer
afin d'y recevoir les approvisionnemens de leurs
flottes. Les obstacles n'étaient donc pas moins
grands à cette époque qu'aujourd'hui; mais la vo-
lonté était plus ferme et la persévérance mieux
dirigée. Il est vrai de dire que les Romains, étant
maîtres du monde, n'avaient pas à craindre d'être in-
quiétés par la politique étrangère, et d'être troublés
dans leurs opérations militaires. Cependant, s'ils
ont pu fonder en Afrique une de leurs plus belles
colonies; s'ils ont osé envoyer des armées nombreuses combattre à plus de cent lieues de Carthage, dans les plaines de Constantine et même
au-delà; s'ils n'ont été arrêtés, ni par la difficulté
des chemins, ni par le manque des subsistances;
s'ils ont triomphé de tous ces obstacles et vaincu
les populations belliqueuses de ces contrées, que
ne pouvons-nous tenter la même conquête? Le
climat de l'Afrique n'a point éprouvé de varia-
tions; le soleil qui jetait ses feux sur la Numidie
et la Mauritanie n'était pas moins brûlant qu'il
ne l'est aujourd'hui, et la topographie de ces royau-

mes n'était pas mieux connue qu'on ne la connaît actuellement !

Les féroces habitans de ces régions ont conservé les mœurs de leurs ancêtres; ils n'ont fait aucun progrès dans l'art de la guerre; ils sont toujours les meilleurs cavaliers du monde; ils attaquent encore, battent en retraite et reviennent à la charge, comme l'a dit Salluste. Mais quand bien même les chefs actuels des tribus de ces pays sauvages seraient aussi redoutables que le furent les Annibal et les Jugurtha, pourquoi donc nos troupes ne parviendraient-elles pas à les soumettre et à obtenir les mêmes succès que les légions de Marius et de Sylla?

A cette époque, les armes étaient à peu près les mêmes chez toutes les nations; les combattans étaient forcés de se mesurer corps à corps; aujourd'hui, la poudre à canon a changé le système des batailles, et l'on peut frapper de loin : alors, l'attaque est favorable à la dextérité. Certes, les Arabes se servent du fusil (1) avec une très grande adresse; mais leurs munitions épuisées, ils ne peuvent que très

---

(1) Les fusils des Arabes sont extrêmement longs et très difficiles à charger. Ils ont les ressorts de la platine à l'extérieur, suivant les anciens modèles de l'Espagne, dont ils les reçoivent, et la raideur de ces ressorts en rend le tir moins prompt.

difficilement les renouveler, puisqu'ils n'ont de ma-
nufactures d'aucune espèce (1). Ils n'ont pas non
plus d'artillerie de campagne, et la nôtre peut les
tenir éloignés sans que leurs feux puissent nous
atteindre. Tels sont les moyens destructeurs, qui
nous donnent sur ces hordes barbares des avantages incontestables; avantages inconnus à leurs
premiers vainqueurs.


La bravoure des Romains était justement vantée :
les troupes françaises ont-elles moins de valeur? Les
guerres de notre révolution et la dernière campagne
du nord ont prouvé que nos armées se distinguent
essentiellement par un courage à toute épreuve et
une constance sans égale dans les travaux les plus
pénibles et les plus périlleux. Le soldat français ne
le cède en rien au soldat romain : il sait tout aussi
bien supporter les fatigues, les privations, et résister aux intempéries de l'atmosphère. Comment avec
tant d'élémens de force et de puissance, comment
avec tant de supériorité dans notre organisation
militaire, ne pouvons-nous vaincre les Kabyles et
les Bédouins de la régence d'Alger? On serait porté

(1) On croit cependant qu'ils fabriquent actuellement quelques armes
et de la poudre, à Bougie ; mais ce ne peut être qu'en très petite quantité.
A quoi les habitans de ces contrées sont-ils capables de donner un peu de
perfection?

à penser que nos entreprises manquent de plans, de direction, d'ensemble et de persévérance.

Jamais les Romains, si une circonstance semblable à celle où nous nous sommes trouvés les eût obligés de s'emparer d'une ville située sur les bords de la mer, comme l'est Alger, jamais ils n'y auraient laissé inactive une garnison de quinze à vingt mille hommes : ils auraient percé droit au centre des populations, et n'auraient pas voulu commencer à cultiver avant d'avoir soumis le pays. Jamais ils ne se seraient empressés d'envoyer prendre possession de Bone et d'Oran; c'est par ces extrémités qu'ils auraient terminé leur conquête; c'est même ainsi qu'ils ont agi : ce n'est qu'après avoir été tranquilles possesseurs de la Numidie, qu'ils ont successivement fondé des villes le long du littoral de la Méditerranée jusqu'aux colonnes d'Hercule.

C'est donc l'exemple des Romains que nous devons suivre : c'est sur Constantine qu'il faut marcher. Cette ville, autrefois si forte, est aujourd'hui sans défense, et dès que nous nous présenterions devant ses portes, elles nous seraient immédiatement ouvertes; c'est un fait incontestable. Toutefois, quelle différence entre la distance de Carthage à Cirta et celle de cette ancienne ville au point le plus rapproché de la côte où nous pourrions

opérer un débarquement! En trois ou quatre jour-
nées, au plus, nous serions à Constantine. Quelle
différence encore dans les fatigues, dans les difficultés de toute nature et le transport des approvisionnemens, qui seraient toujours à proximité
de notre armée!

Après la prise d'Alger, la situation de l'Europe
ne permit pas de penser au territoire de la régence. Autrement, il est probable que la défense de
la ville conquise aurait été confiée seulement à
cinq à six mille hommes, et qu'au lieu de diviser
nos forces à Oran et à Bone, elles eussent été diri-
gées par le plus court chemin sur Constantine.
Alors les énormes sacrifices que l'on n'a cessé de
faire pour conserver les points que nous occupons,
auraient été employés à consolider la nouvelle conquête. Les résultats étaient certains, et on ne serait pas obligé d'envoyer aujourd'hui en Afrique
*une commission pour recueillir sur les lieux tous les
faits propres à éclairer le gouvernement, soit sur
l'état actuel du pays, soit sur les mesures à prendre pour son avenir* [1].

Aussitôt Constantine en notre pouvoir, on se
serait, à l'imitation des Romains, emparé des po-

[1] *Moniteur* du 18 juillet 1833.

sitions fortifiées par eux., au nord et au midi, le long des deux Atlas, et qui sont encore les clefs de ces montagnes.[1] On y aurait placé, comme ces anciens maîtres du monde, des garnisons sous la sauve-garde et la responsabilité des tribus environnantes, auxquelles on imposait, sous peine d'être traitées militairement, l'obligation de fournir, aux prix de la contrée, les denrées nécessaires aux troupes de ces postes avancés. Des ôtages, pris dans les principales familles du pays, et quelques mesures rigoureuses, en cas de besoin, assuraient le maintien des communications entre ces postes et Constantine, où une cavalerie nombreuse eût toujours été prête à marcher vers les points menacés. Il ne faudrait pas croire, en effet, que de temps à autre on n'aurait pas été obligé

[1] Ces principales positions sont Milah, l'ancienne Milevium, où il s'est tenu deux conciles; Summah, autrefois Sigus, et autres points occupés par des troupes turques, qui s'élèvent à peine à deux mille hommes, avec lesquels le bey tyrannise toute la province. Il serait trop long de démontrer qu'en ayant un centre formidable à Constantine, où nos postes avancés auraient leur point d'appui, on exercerait bien vite dans le cercle environnant la même domination que les Romains ont jadis exercée autour de Cirta. Les garnisons de ces postes ne manqueraient pas de vivres : le pays abonde en bestiaux et en céréales.

Ces positions n'étant tout au plus qu'à six ou sept heures de marche de Constantine, notre cavalerie, l'arme la plus utile dans ces contrées, serait promptement rendue sur le terrain où sa présence deviendrait nécessaire.

de combattre et d'user de sévérité; mais la domination ferme et juste des conquérans, la crainte de leurs armes, la répression immédiate des délits et quelques présens adroitement distribués, eussent soumis et gagné, peut-être plus tôt qu'on ne le pense, les tribus de cette vaste et fertile province.

Les Arabes sont, comme leurs ancêtres, intéressés, inconstans et perfides, conséquemment faciles à corrompre. Ils ont l'habitude du joug, et la religion leur en fait une loi. De même que tous les peuples de l'Orient, ils ont le caractère défiant et soupçonneux; ils se tiennent long-temps sur la réserve, et c'est seulement lorsqu'ils sont convaincus de l'existence durable du pouvoir qu'ils se livrent avec abandon et même avec dévouement. Les Zouaves (1) ont commencé à nous en donner des preu-

(1) Les Zouaves sont des tribus particulières d'Arabes qui habitent les montagnes de la province de Constantine, et qui, sous les deys, venaient s'enrôler à Alger. Le général Clauzel voulut entretenir chez les naturels de la contrée cette habitude de servir auxiliairement. Il ordonna, aussitôt son arrivée, de former deux bataillons de Zouaves, commandés par des officiers français. Il faut rendre à cette troupe la justice qu'elle mérite; au passage de l'Atlas, à Bone, et dans toutes les occasions, elle a fait preuve du plus grand courage.

ves; ils nous servent déjà aussi bien que les Numides ont servi les Romains.

En marchant droit au centre de la régence, il y aurait une chance pour parvenir à dompter et à gagner les populations. On pourrait espérer qu'elles nous prêteraient leurs bras, soit pour la culture du territoire, soit pour sa défense contre les attaques des Kabyles. Tandis qu'en restant sur le littoral, on ne fait aucun progrès : au contraire, les Arabes qui ont journellement des relations avec nous, voyant que nous n'osons pas sortir de nos fortifications, croient que nous finirons, comme les Espagnols, par abandonner le pays. Dès-lors, aucune influence n'est possible ; et les choses continuant ainsi, la question immense de faire succéder la civilisation, l'agriculture et l'industrie à la barbarie des pirates de la Méditerranée reste irrésolue , et le commerce de l'Europe affranchi des tributs qu'il payait aux écumeurs de mer, dont nous avons détruit le repaire, profitera seul de tous les avantages de notre ruineuse occupation.

Il n'est pas douteux que notre position en Afrique n'ait souvent été l'objet des méditations des hommes placés à la tête de l'administration, et si jusqu'à présent ils n'ont pris aucun parti définitif, c'est que très probablement on est effrayé, je suis obligé de le répéter, par les difficultés que rencontrerait une entreprise sur Constantine, et par les dépenses de cette expédition. Peut-être s'exagère-t-on ces difficultés et ces dépenses.

Mais, ainsi que les Romains ne cessaient de demander la destruction de Carthage, l'opinion générale veut, à tort ou à raison, une colonie dans la régence d'Alger. L'expédition sur Constantine réussira si on l'entreprend ; on s'emparera facilement de cette ville. Toutefois, pour coloniser et cultiver, il faudra occuper la province et s'y maintenir.

Je vais traiter cette question d'envahissement, sans la moindre intention de présenter mes vues comme devant servir de règle de conduite ; je sais à quel domaine appartiennent de si hautes combinaisons ; je veux seulement donner à ceux qui réclament ou désirent la conquête un aperçu des dépenses que nécessiterait l'entreprise sur Constantine, et leur présenter une esquisse succincte des moyens à prendre pour remplir leurs vues.

A quinze lieues à l'ouest de Bone, se trouve le golfe de Stora, au fond duquel les Romains avaient bâti la ville de Rusicada, aujourd'hui Stora. Cette ville antique est presque totalement abandonnée ; il n'en reste plus que d'immenses citernes où les Arabes des environs viennent déposer les produits de leurs récoltes. Le port de Stora est à l'abri d'une pointe qui avance dans la mer, et offre, ainsi que le golfe, un mouillage sûr contre les vents du nord-est et du sud-ouest. Les petits bâtimens de guerre, et même les frégates, peuvent jeter l'ancre à portée de canon de terre, et trouver partout un fond solide.

Rusicada était l'entrepôt des productions de la Numidie et de la Mauritanie ; elles y arrivaient de Cirta par une voie romaine encore aujourd'hui existante. M. Rimberg, actuellement vice-consul à Tabarca[1], et qui l'a parcourue plusieurs fois, assure qu'elle est dans un état parfait de conservation[2] ; les mêmes renseignemens ont été donnés par des habitans de Bone. Cette route passe entre les versans des montagnes du Cap-de-Fer et de celles des dépendances de Collo[3]. Elle est partout facile pour

---

[1] Petite ville du royaume de Tunis , sur les confins de la régence d'Alger.

[2] M. le maréchal Clauzel, dans une de ses brochures sur l'Afrique, dit aussi que cette route est en très bon état, et même que le pavé en existe encore.

[3] Petit port sans défense , à quelques lieues à l'ouest de Stora , sur la côte occidentale du cap Boujareouh. Sa population est de 12 à 1,500 âmes.

les voitures, et aucun obstacle de terrain n'entra-
verait la marche, qui durerait, au plus, quinze
heures jusqu'à Constantine ; tandis que de Bone à
cette capitale il y a trente lieues, dont sept fort peu
praticables, à travers le petit Atlas.

Stora est évidemment le point où le débarquement devrait être effectué. La plus grande difficulté, peut-être, consistera à établir les communications entre cette ville et les troupes qui auront
soumis l'ancienne Cirta.

Sans la permanence des communications il ne faut
pas penser à s'avancer dans l'intérieur de l'Afrique.

On trouve, selon M. Rimberg et des voyageurs
du pays, de fréquentes ruines de stations militaires antiques sur la voie de Stora à Constantine. Suivant l'itinéraire d'Antonin et les cartes de
Danville, il aurait existé à moitié route des positions fortifiées assez importantes dont il reste encore des vestiges considérables (1). Nous ne pouvons
pas avoir de meilleurs guides que les Romains,
disons-le encore, pour faire la conquête de ces
contrées barbares ; suivons donc en tous points
leurs traces, et imitons leur prudence. Ne convien-
drait-il pas d'abord de diviser les quinze à seize

(1) Voir le tracé de la voie antique.

lieues de trajet entre Stora, où l'on débarquera, et Constantine, où l'on prendra une position définitive, en trois stations principales dans lesquelles on laisserait des forces imposantes? Ne serait-il pas nécessaire aussi de remplir les intervalles de ces trois stations par une ligne de soixante blockaus, éloignés seulement les uns des autres de cinq cents toises, de manière à ce que les feux puissent se rencontrer et même se croiser, s'il est possible. Ces blockaus, entourés de bons fossés et de chevaux de frises, ayant chacun une. garnison de cent hommes avec une pièce de canon et quelques fusils de remparts, pourront suffire à leur propre défense et se porter mutuellement assistance. Ces postes auraient une entrée et une sortie au moyen de deux ponts-levis [1], afin de rendre faciles les mouvemens de troupes; ils seraient aussi pourvus de hangars [2] ou abris en planches, comme ceux qui furent si rapidement montés à Sidi-Ferruch,

---

[1] Ces ponts-levis de campagne seraient très légers, et n'auraient aucun rapport, pour le poids et la masse, avec les ponts-levis des places fortes. Leur construction serait peu coûteuse.

[2] Ces hangars avaient pour toiture des toiles imperméables. Toutes les pièces en avaient été numérotées dans les ateliers de France; aussi furent-elles promptement réunies, et dès le second jour du débarquement on eut des hôpitaux pour recevoir les blessés. Ces hangars, faits en bois de sapin, ne sont pas très dispendieux.

et qui sont bien meilleurs préservateurs que les tentes contre les chaleurs du jour et la fraîcheur des nuits de ces contrées..

Voilà déjà environ huit mille hommes enfermés dans des blockaus ou stations, pour entretretenir les communications. C'est énorme, dira-t-on. Je n'en disconviens pas; mais j'ai l'intime conviction, je ne saurais trop le répéter, que sans la sûreté permanente de la route il ne faut pas penser à occuper Constantine [1]. L'établissement de ces nombreux postes contribuera au succès de l'expédition; il tranquillisera le moral du soldat, et assurera le repos de l'armée qui se sera emparée de la capitale du beylick.

La correspondance, le transport des munitions, des malades ou des blessés, les convois de vivres se feront sans danger et sans fatiguer les escortes. Quelles économies d'hommes et d'argent on obtiendra par ces stations! quelles facilités pour tous les services!!

---

[1] Ces précautions paraîtront peut-être exagérées à des officiers généraux qui ne consultant que leur courage, et confiant dans la valeur des troupes sous leurs ordres, se feraient fort de pousser une pointe jusqu'à Constantine avec seulement quatre à cinq mille hommes. On y arriverait; mais il est très probable qu'on en serait ramené comme on l'a été de Médéah.

Cette ligne de soixante positions sur une éten-due de seize lieues, a une parfaite analogie avec celle du projet de défense de la Métidja et de-vrait être sujette aux mêmes objections. Mais dans le plan de M. le maréchal Clauzel il n'y a que onze blockaus sur un développement de vingt-cinq lieues de longueur, et trois brigades en observation dans le milieu de la plaine. La ligne de Stora à Constan-tine, infiniment plus serrée, serait donc plus facile à défendre, par la promptitude avec laquelle deux ou trois postes pourraient se réunir et résister jus-qu'à l'arrivée des renforts que l'une des stations principales leur enverrait au premier signal. Tou-tefois, les Arabes attaqueront-ils jamais cette ligne avec des forces suffisantes pour parvenir à la rompre et à la désorganiser? D'où viendraient-ils? La route, comme je l'ai dit plus haut, passe entre les versans de montagnes élevées; il faudrait donc que les Ka-byles descendissent des hauteurs. Sans doute il s'en présentera; mais on les éloignera facilement avec les fusils de remparts. Malgré tout, dans ces terrains accidentés, où il n'existe que des sentiers peu frayés, leur réunion ne saurait être assez consi-dérable pour enlever des postes armés de canons, défendus par cent hommes, et secourus par le même nombre ou le double, qui arriveront en dix minutes des blockaus voisins. Il est au contraire très présumable que les naturels des environs de nos stations, convaincus qu'ils ne peuvent pas être les plus forts, reprendront le travail de leurs champs, et apporteront, comme ils l'ont fait dans maintes circonstances, des denrées et des fruits à nos soldats (1).

Si le principe d'entretenir les communications est reconnu salutaire et indispensable, il importe peu que les moyens ci-dessus soient modifiés en plus ou en moins; l'essentiel, c'est que vingt hommes puissent aller sans danger de Stora à Constantine : alors le succès est certain.

L'armée qui fut envoyée contre Alger était de 37,331 hommes et de 4,008 chevaux; elle se composait de trois divisions d'infanterie, d'un état-major très nombreux, de troupes de génie et d'artillerie, suivies d'un matériel tout-à-fait en disproportion avec la conquête qu'on allait faire. Il y avait 82 bouches à feu de gros calibre ayant 82 mille projectiles à lancer, et 92 pièces de campagne avec 15,000 coups de canon à tirer; enfin,

(1) Les convois, les détachemens rejoignant leurs corps ou revenant en France, de petites colonnes mobiles en cas de besoin et partant des deux extrémités de la ligne, contribueront aussi à la sûreté de la route et à sa défense.

des vivres, des approvisionnemens, des fourrages
pour quatre à cinq mois : il semblait qu'on allait
envahir l'Afrique entière, et faire le siége de toutes ses places. La flotte n'était pas moins considérable : elle comptait sous voiles, en partant de
Toulon, onze vaisseaux de ligne, vingt frégates,
cinquante corvettes, bricks, bombardes et autres
bâtimens de guerre; trois cent quarante-sept trans-
ports, non compris ceux affrétés par le munition-
naire général de l'armée, et cent quarante bateaux
pontés catalans et génois.

Les dépenses de cet immense armement se sont
élevées à 43,500,000 francs jusqu'au 3o septembre 183o.

L'expédition de Constantine sera indubitablement calculée sur des bases plus économiques; elle
n'aura que le strict nécessaire en personnel et en
matériel : c'est le moyen d'éviter les difficultés de
la marche et d'arriver promptement au but.

Je ne puis avoir une idée très exacte des forces qu'il conviendrait d'y employer; cependant
il est permis de croire que dix-huit mille hommes
suffiront largement pour assurer le succès de l'entreprise. Cette expédition, comparée à celle d'Alger, ne coûterait donc pas, proportionnellement,

au-delà de vingt millions. Il est facile de voir, sans entrer dans aucun calcul, qu'on obtiendra une très grande réduction sur ce chiffre. Nul doute, d'après l'expérience acquise de ce genre de guerre, qu'on ne verra pas figurer sur le budget de cette campagne rapide et sans siéges, de superflu d'armes et de munitions, ni surtout cette prodigalité de vaisseaux et de bâtimens dont les frais ont dépassé, dans les comptes de notre première excursion en Afrique, au chapitre de la marine, la somme énorme de 23,500,000 francs.

En portant les dépenses de la nouvelle expédition à douze millions, on pourvoira à tous les besoins de l'armée de terre et de mer pendant les trois mois qui suivront le départ et le débarquement. Si l'on était forcé de dépasser cette somme de quelques millions, ne serait-il pas préférable de les accorder plutôt que de continuer à alimenter sans résultats nos garnisons d'Oran, d'Alger et de Bone? Qui sait, d'ailleurs, si la ville de Constantine prise, le bey ne nous serait pas livré, comme autrefois Jugurtha fut remis enchaîné à Sylla; et si alors les populations de ces contrées, n'ayant plus de chef pour diriger leurs hostilités contre nous, ne se soumettraient pas immédiatement, de même que les Numides, après la prise de leur roi, se soumirent aux Romains? Qui sait enfin si le trésor du bey de la province la plus riche de toute la régence ne nous offrirait pas, comme la Casauba d'Alger, et cela est à croire, d'amples dédommagemens aux frais de la guerre? Mais la nation française ne doit pas s'arrêter à cette dernière conjecture ni à quelques millions de dépenses; ce sont de trop petites considérations relativement à la nécessité et aux résultats de la conquête. Comme je l'ai dit plus haut, dix-huit mille hommes devront suffire pour s'emparer de Constantine : ils seront envoyés de France et détachés en partie de nos garnisons d'Afrique, afin d'opposer aux Arabes quelques régimens aguerris à leur manière de combattre.

La formation du corps d'expédition et les plans de l'opération étant confiés aux soins et aux lumières du maréchal qui a si bien réorganisé nos armées, c'est avoir la certitude que les plus sages combinaisons seront indiquées pour assurer le succès de l'entreprise.

Les dispositions d'embarquement et du transport des troupes appartiennent à la marine; et comme ce ministère est dirigé par un amiral habile, on peut être convaincu que le nombre des bâtimens employés ne dépassera pas les limites indispensables, et que les instructions seront données de manière à ce que les forces navales se présenteront ensemble devant Stora, afin d'éviter les contre temps éprouvés à Sidi-Ferruch [1]. Aussitôt après la descente, qui aura très probablement lieu sans résistance, une colonne de dix mille hommes devrait être dirigée sur Constantine.

Le général Clauzel est allé avec beaucoup moins de monde à Médéah, cinq à six lieues plus éloigné d'Alger que Constantine ne l'est de Stora. Depuis, les généraux Berthezène et Boyer, avec des forces encore inférieures, ont fait, à deux époques différentes, la même excursion, et n'ont vu l'ennemi qu'à leur retour.

Pour parvenir à Médéah, il a fallu franchir le petit Atlas et traverser des pays continuellement accidentés. La voie romaine de Stora à Constantine n'offrira point d'entraves.

Pendant que la première colonne opérerait son mouvement sur cette capitale, la seconde s'échelonnerait sur la voie romaine, afin d'établir

[1] La cavalerie, les chevaux du train des équipages et de l'artillerie, si nécessaires pour soutenir une marche en avant, arrivèrent quelques jours après le débarquement des troupes. Les bâtimens qui portaient les pièces de siége ne parurent même encore que plus tard.

cette ligne de blockaus sans laquelle il me paraît impossible de s'avancer ni de coloniser en Afrique. Au fur et à mesure que les bâtimens de guerre effectueraient leur déchargement, ils seraient dirigés sur Gigerie, Collo, Bougie et la Calle (1), avec l'ordre d'y faire des attaques sérieu-

(1) Petites villes maritimes, à l'ouest et à l'est de Stora, de quinze cents à deux mille âmes de population chacune, mais dont les tribus environnantes habitent presque toutes sous des tentes.

Bougie est la seule un peu importante des quatre, et qui mérite aujourd'hui notre attention. Elle fut jadis la capitale du royaume de ce nom. Les Espagnols s'en emparèrent en 1510, et l'occupèrent jusqu'en 1555, époque à laquelle elle fut reprise par les Algériens. Don Alphonse de Péralte, qui en était gouverneur, eut la tête tranchée, par ordre de Charles-Quint, pour avoir trop promptement capitulé.

Cette ville, bâtie sur le penchant d'une haute montagne, est baignée par les eaux de la mer. Un château fort, construit par Pierre de Navarre, la domine, et deux autres forts défendent l'entrée du port, qui est vaste et fermé par une langue de terre. Les vaisseaux de ligne peuvent jeter l'ancre à portée de canon des ouvrages; mais le fond de la rade est tellement vaseux, que les bâtimens sont forcés de changer souvent de mouillage, autrement les ancres et les câbles s'enfonceraient au point de ne pouvoir les retirer.

Au moment où cet écrit est sous presse, l'expédition partie de Toulon le 22 septembre dernier est probablement arrivée à Bougie. Peut-être veut-on occuper cette ville pour empêcher ses habitans de recevoir les munitions dont ils alimentent les hordes de l'intérieur. Bougie en notre pouvoir, le but de l'entreprise serait-t-il atteint si les Génois, les Sardes et les Livournais, ne pouvant plus y introduire d'approvisionnemens de guerre, les dirigeaient, comme ils le feront, sur Gigerie, Collo et autres points de la côte, où ils seront reçus, sans que notre marine puisse y mettre d'obstacles?

Il est à craindre que la prise de Bougie ne complique notre position

ses qui attireraient indubitablement sur ces points les populations environnantes, et les empêcheraient de se réunir pour s'opposer à la marche de nos troupes vers le but de l'expédition. Peut-être jugera-t-on même convenable de s'emparer de ces places, que la marine occuperait provisoirement. La garnison de Bone ne resterait pas inactive ; elle pousserait une forte reconnaissance à quelques lieues dans la plaine, au-delà d'Hyppône. Toutes ces diversions, faites autant que possible en même temps, le long des côtes, contribueraient à notre succès, et donneraient aux peuples de ces contrées une idée imposante de nos forces et de notre puissance.

La troisième journée nos troupes seraient devant Constantine.

Si la première expédition sur Médéah fit une impression terrible sur les habitans de l'Atlas et de la

en Afrique, n'augmente les dépenses sans nous faire gagner un pouce de terrain à l'intérieur. Il en est de même pour Arzen et Mostagan, nos nouvelles occupations du côté d'Oran. Nous n'oserons pas plus nous éloigner de ces places que nous ne nous éloignons d'Alger ou de Bone, et encore moins de Bougie que de toutes les autres. Les habitans de cette ville ont eu de tous temps à se défendre constamment, jusque sous leurs murailles, contre les attaques des Kabyles ou Berbères qui vivent dans les montagnes voisines, et sont les plus guerriers de la contrée.

Métidja, quels ne seraient donc pas les résultats de notre apparition subite dans l'ancienne Cirta! Les cheiks des tribus environnantes accourraient faire leur soumission, et le coup destructeur que nous aurions porté au sein de la régence et aux restes de la domination turque retentirait jusqu'aux murs d'Alger..... Oran même, quoique si éloigné du théâtre de nos exploits, verrait quelle est le pouvoir de nos armes sur les populations arabes!

Dès-lors, en adoptant un système vigoureux de domination, la tranquillité commencerait à régner de l'est à l'ouest de ces contrées, et la colonisation se consoliderait, avec le temps, sous l'empire de la justice et des lois protectrices de l'agriculture et du commerce.

En dépensant quinze millions au plus, nous nous emparerions de Constantine, et avec de la persévérance, nous nous rendrions maîtres, nous resterions maîtres d'un territoire immense et fertile dont quelques lambeaux nous ont jusqu'à présent coûté tant de sacrifices.

La conquête de la plus belle province de la régence s'affermirait promptement, en lui consacrant les capitaux dont en vain, depuis trois ans, on a favorisé Alger, Bone et Oran. Ainsi se réaliseraient les brillantes espérances que le sol fertile de l'Afrique a fait concevoir. Les communications toujours maintenues entre Stora et Constantine, un gouvernement ferme et sévère, une administration juste et probe, une grande tolérance d'opinions et de religions, des franchises libérales, peu ou point de taxes, à moins que la colonisation n'eût pris l'essor de la prospérité ; un appel aux populations de l'Europe, en leur offrant des distributions de terres, attireront certainement dans les superbes plaines de l'ancienne Numidie une partie des nombreuses familles qui émigrent de l'Allemagne. En bien peu de temps la province de Constantine pourrait devenir aussi florissante qu'elle le fut sous les Romains, et suffire elle-même à sa propre défense.

Mais en terminant, je le répète, sans la conquête de l'intérieur du pays, soit devant Alger, Oran ou Bone ; sans la force au milieu des populations, pour les soumettre, les contenir et les dominer ; sans la sûreté permanente des communications, il n'y a point de colonie possible en Afrique ; et malgré les immenses sacrifices déjà faits, les regrets et la honte, si je puis m'exprimer ainsi, d'abandonner cette contrée, mieux vaudrait évacuer dès aujourd'hui les places où nous tenons garnison, que de continuer à suivre un système qui n'amènera jamais de résultats.

Espérons qu'on n'en viendra pas à cette extrémité, et que la commission envoyée en Afrique éclairera le gouvernement, de manière à lui faire prendre le seul parti qui soit digne du souvenir de nos anciens faits d'armes et de l'honneur de la France.